AF562376

DISCOURS INOFFICIEL

DU

MINISTRE DES FINANCES

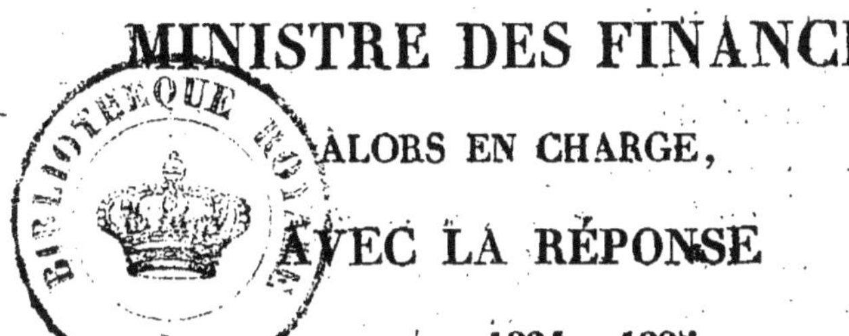

ALORS EN CHARGE,

AVEC LA RÉPONSE

EN DATE DE 1824 ET 1825.

SUIVI DE L'OPINION DU GÉNÉRAL FOY.

« Le droit est sorti victorieux de la discussion engagée « en 1814 : il a été démontré alors, que la réduction de « l'intérêt avec l'alternative du remboursement se trouvait « consacrée par l'esprit et la lettre même du contrat ; il est « demeuré constant que nos lois l'autorisent, qu'elles n'ad- « mettent point que le créancier puisse contraindre son « débiteur à demeurer sous le poids d'un engagement sans « terme. »

Le droit est sorti victorieux : ainsi le droit avait combattu, le droit était disputé ; l'esprit du contrat ne se montrait donc pas clair, la lettre du contrat ne se trouvait donc pas lisible ?

Il a été démontré.... il est demeuré constant : plutôt que d'affirmer deux fois, mieux valait, ce semble, prouver une seule fois.

Le créancier ne peut contraindre son débiteur, etc. : c'est trop vrai, pour que ce soit la peine de le dire ; mais aussi le débiteur peut s'astreindre à demeurer sous le poids, etc., etc.

« Ainsi la question du remboursement ou de la dimi-« nution de l'intérêt est-elle résolue dans toutes les con-« victions: les esprits se sont familiarisés avec les consé-« quences du crédit; le droit commun, le code civil, tou-« tes les règles ont décidé le principe. »

La question est résolue... Les esprits sont familiarisés.... Le droit commun, le code civil, les règles ont décidé: pléonasme d'assertions, et de preuves, néant.

Entre le débiteur et le créancier, ni droit, ni code, ne décident; le contrat résout tout.

« La question d'équité ne présente pas plus d'incerti-« tude que la question de droit. Quels sont les placemens « qui procurent un revenu aussi élevé? La propriété rend « à peine 3 pour cent, les caisses d'épargnes n'ont que « quatre pour cent, les prêts se font à moins de 5 pour « cent. La rente eût dépassé le cours de 120, si elle n'était « remboursable au pair. »

La propriété s'accroissant en revenu, en capital, les bons remboursables au pair à volonté, les épargnes mises en dépôt momentané, les prêts assis sur hypothèques sûres, d'une part:

Et la rente fixe en revenus, chanceuse en capital, réduite par la baisse de l'argent, exposée à la banqueroute totale et partielle, de l'autre part.

La rente eût dépassé le cours de 120: et que ne la laisse-t-on dépasser? comment se croit-on en droit de dérober l'excédent? là est la question d'équité.

Que ne la laisse-t-on s'élever, se caser au taux de quatre pour cent, et cela sans peines, sans risques, sans pertes.

« Serait-ce donc manquer d'équité que de rembourser « à 100 francs, la rente émise, prix moyen à 73 francs? « C'est à dire après avoir servi long-temps un intérêt de

« 6 francs 80, de restituer le capital avec une addition de « 27 francs. »

Est-ce que la rente est un être *sui generis*, mâle ou femelle peu importe, et que l'état a traité avec cet être, et que cet être a reçu 6 francs et 80 c. d'intérêt, puis reçoit 27 francs d'addition : alors c'est bien.

Mais au lieu de l'être de la rente, s'il n'y a que les êtres de rentiers, le terme moyen n'est qu'une cote mal taillée, fort mal taillée : alors c'est mal.

« Ne serait-ce pas se montrer équitable envers les im-« posés que de chercher à adoucir les conditions oné-« reuses que le trésor fut contraint de subir, quand le mal-« heur des temps lui en fit la loi. »

Eh ! une des parties est-elle en droit d'adoucir les conditions à son plaisir, et de ne pas subir la loi qui lui fut faite, qu'elle ne laissa faire : si elle fut contrainte, c'est par le malheur des temps, et non par le fait des créanciers, si les conditions furent onéreuses, faut-il en imposer d'onéreuses en retour, sans le consentement de l'autre partie.

« L'équité n'est-elle pas de faire participer tour à tour « tous les citoyens au bien-être comme aux charges du « pays. »

Rien de mieux ! mais ici ce ne sont pas des citoyens, ce sont des créanciers purement et simplement.

Ci-dessus la rente était considérée comme un être concret : maintenant il faudrait regarder les rentiers comme des êtres abstraits, à part des citoyens.

Ils ont contraint, ils ont fait subir, ils ont fait la loi si l'on veut : c'était donc de puissance à puissance, de partie à partie.

Point de contrat social, rien qu'un contrat civil.

Le tour à tour quant aux citoyens, se transforme en le *toujours*, quant aux créanciers.

Ainsi il est parlé sous le point de vue moral : et ce

n'est qu'insensé. Il y a même cette excuse, qu'après l'enchevêtrement de tant de révolutions en sens divers, on ne sait plus où retrouver, où rattacher le fil du droit.

Puis, il sera parlé du point de vue économique, et c'est tout-à-fait imbécille, ici rien ne pallie l'erreur notable, palpable, telle que la voici.

« La réduction des rentes rendra des capitaux à l'indus-« trie, à l'agriculture. »

Comme si les créanciers actuels qui auront été remboursés ne feront pas place dans la dette publique aux créanciers nouveaux qui auront prêté.

« La réduction des rentes abaissera le taux de l'intérêt « dans les transactions privées. »

Comme si la convention de l'intérêt s'établissait par imitation, et ne dépendait pas de ces deux seules causes, l'abondance des capitaux et la sécurité des garanties.

« La réduction des rentes mettra un terme au fureurs de « l'agiotage. »

Comme si tout au contraire elle n'était pas stimulée par les matadors de la Bourse, qui feront un bon coup, et n'entraînera pas un tourbillonnement d'affaires où tant de gens seront ruinés.

Quant au point de vue politique, il n'en sera rien dit, et cela est très rationnel, car on ne peut, ni nier ni avouer qu'à douze ans de distance, il s'ensuivrait dans les esprits de la grande ville, cette même désaffection qui prépara la chute du vieux trône.

Les extraits qui suivent donneront en 1836, au bref discours de M. Humann, la même réponse péremptoire qui fut donnée aux verbeuses paroles de M. de Villèle, dont le successeur peu inventif, se borne le plus respectueusement à rendre la substance, et même s'épargne la peine de traduire les expressions.

ÉCRITS DE M. DE LA GERVAISAIS.

1824.

Vous soutenez que la loi autorise le remboursement ; mais du moins vous avouerez que ce droit n'avait jamais été exprimé dans les contrats, jamais entendu par l'une ni par l'autre des parties; vous avouerez que ce droit n'a jamais été exercé dans les temps anciens, non plus que dans les nouveaux temps.

Et qui ne sait que la prescription est applicable aux lois, de même qu'aux actes, soit par l'expérience dont nous sommes riches à cet égard, puisque tant de décrets révolutionnaires ne sont pas encore biffés et raturés, soit par le raisonnement qui nous apprend que le législateur aurait trop à faire, s'il prenait la peine d'abroger en due forme, les lois qui ne s'exécutent plus ?

La loi n'oblige qu'autant qu'elle est comprise à l'avance ; sa puissance efficace n'émane pas du papier où elle est inscrite, mais seulement de la convenance mutuelle qui lui donna l'être, de l'assentiment continu qui entretient son existence, et surtout de la connaissance universelle qui, seule, peut légitimer son exercice.

Une loi est-elle tombée en désuétude, elle devient nulle et comme non-avenue.

Le type de la légalité est empreint, est réservé à ce qui se fait, bien que cela ne soit pas écrit ; de même qu'il est soustrait et enlevé à ce qui est écrit, dès-lors que cela ne se fait pas. Et c'est sans doute dans ce sens que fut conçu, que doit être entendu cet ancien axiome, *summum jus summa injuria*.

Que servait-il donc d'aller fouiller sous la tombe où reposent enfin les banqueroutiers légaux, d'exhumer leurs ignobles dépouilles, et de se revêtir de telles armes pour combattre à outrance le génie de l'équité et de l'humanité ?

Il est une loi morale, loi d'ordre primitif ou plutôt d'ordre naturel, une loi pleine de vie et de force et de sens qui régit les lois de sorte secondaire et d'espèce accidentelle, qui leur imprime et leur retire toute prérogative, suivant qu'elles dérivent ou qu'elles s'écartent de ses inviolables décrets. Cicéron en donne ainsi la définition : *Recta ratio, constans, universa: nec per populum aut per senatum olvi hac lege possumus.*

Législateurs, vous faites les lois pour nous. Voilà la loi qui fut faite pour vous.

Faites des lois : le pouvoir vous en fut déféré, mais à la charge de ne pas enfreindre les prescriptions suprêmes ; la force vous en fut remise, mais sous la condition de ne pas envahir sur les droits acquis.

On ne vous dispute point l'omnipotence légale ; il faut subir le joug de la nécessité : et cependant au-dessus de la sphère où elle s'exerce, sur la tête des ministres, sur la conscience des députés, plane et domine une puissance toute autre, la toute-puissance morale.

L'éternelle justice naquit avant et vivra après la légalité : c'est elle qui l'installe, bien loin d'être intronisée de sa main ; c'est elle qui la réprouve, bien loin d'être soumise à son contrôle.

Avant les membres de la Chambre actuelle, combien d'autres sont arrivés de leurs provinces, se sont réunis à Paris en sorte d'assemblée, et ne voyant rien qui fût placé au-dessus d'eux, ne voyant personne qui pût ou dût exercer le pouvoir, tous néanmoins élus et convoqués à des titres différens, à des titres disputés par le passé ou par l'avenir, tous se sont imaginé innocemment ou insolemment, que la volonté portait raison, que la force donnait justice.

Et de là, juste ciel ! qu'il s'est échappé de lois illicites, illégitimes, de lois de mort et de ruine, de lois de folie et de sottise, jusqu'à ces deux lois dont l'une abolit l'être suprême et l'autre le recréa sous une forme nouvelle !

Sans doute il n'en est pas de même à cette heure ; et les chambres investies d'une portion du pouvoir souverain, appelées à coopérer à ses fonctions, se présentent avec les titres les plus irréfragables.

Cependant les chambres qui voient mieux, ne voient pas tout; les chambres qui peuvent plus, ne peuvent pas tout. Qu'elles y prennent garde, et qu'elles ne dépassent jamais la limite qui eût été respectée par le pouvoir absolu!

On le demande, est-il un seul esprit qui conçoive, qu'en un état aussi brillant de prospérité, il eût pu surgir au conseil du roi, un Desmaretz, un Terray, un Ramel, dont l'idée s'égarât, dont l'audace s'emportât jusqu'à ordonner la réduction du cinquième des rentes?

Au temps de la régence, dans les vieux ans de Louis XV, sous l'enfance du directoire, on a vu naître des lois analogues: mais elles étaient dictées par les nécessités de l'État prêt à faire banqueroute totale, par l'intérêt même des rentiers menacés de subir une ruine complète.

Et maintenant, il n'est pas d'excuse à tant de maux, point de prétexte à une telle erreur: on frappe, on tue parce que la fantaisie de l'orgueil, le vertige de la célébrité l'ont commandé ainsi.

Certes, le droit légal n'y autorise pas, et quand il y aurait lieu à s'en prévaloir, le devoir moral se porterait au-devant de ses coups, assez puissant sans doute pour les parer et les détourner.

Veut-on assimiler l'État aux particuliers? Votre fermier a-t-il été ruiné par les ravages de la saison ou de la maladie, ce n'est pas vous qui ferez vendre ses meubles et jeter ses enfans à la porte. Votre débiteur a-t-il été trompé par sa bonne-foi dans le commerce, ce n'est pas vous qui le ferez renfermer sous les verroux, pour y gémir le reste de ses jours...

La loi textuelle, cette loi tracée avec la plume, vous le permet; mais au for intérieur de l'ame, une loi d'autre sorte, d'ordre plus sacré, vous le défend.

1825.

Les gens ont leur thême, qui est tourné et retourné depuis dix-huit mois, en mille et mille façons.

« Les fonds surabondent; la baisse de l'intérêt est notoire :

voyez la rente à 115 et 120, si le projet n'avait été publié; voyez les bons du trésor à 3 pour 100; voyez ces bâtisses, ces entreprises. Nul ne sait que faire de son argent. »

« Quand les capitaux s'offrent à vil prix, serait-il juste que les rentiers reçussent un intérêt aussi haut? Quand les terres ne donnent que 2 et demi, serait-il supportable que les fonds publics donnassent 5 pour 100? »

Or, tout cela est faux, radicalement faux, ridiculement faux. En fait de fagots, Sganarelle était plus habile.

L'intérêt de la dette publique ne commande point celui des transactions civiles : en Angleterre les 3 étaient à 90, tandis que la banque escomptait encore à 5 pour 100; en France, l'intérêt hypothécaire n'était qu'à 6 pour 100, lorsque les 5 languissaient à 60.

La baisse de l'intérêt ne porte point un avantage intrinsèque. S'opère-t-elle soudainement, il s'ensuit des pertes, des désastres qui réagissent sur la richesse publique, parmi les personnes antérieurement engagées dans les affaires; ne dure-t-elle que passagèrement, il s'ensuit des malheurs analogues parmi les personnes engagées subséquemment dans les affaires.

Quand même la baisse de l'intérêt serait lente et permanente, d'une part, elle réduit les profits du loyer des capitaux, lequel profit devait fournir des épargnes et former de nouveaux capitaux; de l'autre, elle entraîne l'industrie à des opérations inaccoutumées, exagérées, dont le non-succès consume une portion de la richesse nationale.

En thèse générale, on peut dire qu'à l'égard des transactions de l'intérieur, et dans un pays, dans des temps où les emplois sont saturés de fonds et les produits avilis de prix, le taux inférieur de l'intérêt cause plus de mal que de bien.

Les gens à système n'en ont envisagé les effets que sous le rapport du commerce d'exportation qui en profite pour soutenir la concurrence de l'étranger, oubliant tout-à-fait que le commerce intérieur est, en Angleterre, dans le rapport de 10 à 1 avec le commerce intérieur; en France, dans le rapport de 100 à 1. Lequel faut-il sacrifier?

Rien n'est plus révoltant que le parallèle entre les rentiers, et les capitalistes ou les propriétaires.

Les terres, dit-on, ne donnent que deux et demi : oui, pour ceux qui les achètent au denier exorbitant où leur prix est porté par l'effet des mesures bursales; non, pour ceux qui les possèdent d'ancienne date et qui reçoivent de 6 à 4 pour 100 du capital déboursé. Or, les premiers ne font pas le centième des derniers.

Les rentes ne doivent donc pas, ajoute-t-on, donner 5 pour 100 : mais analysez et comparez : les terres investissent de l'existence morale et politique ; les terres s'élèvent de valeur, avec le temps, en capital et en revenu ; les terres sont préservées et des inflexions du cours et des réductions d'intérêt, et des perturbations d'esprit, dont à cette heure même vous affligez les rentiers.

Les capitaux s'offrent à vil prix ; l'intérêt des fonds publics doit être diminué en proportion, est-il dit et redit mille fois.

Il valait mieux dire avec le ministre, que l'impôt du cinquième serait aussi juste à mettre sur les rentes que sur les terres. Les capitaux sont libres ; s'ils s'offrent aujourd'hui, ils se retirent demain. Au contraire, le fonds des rentes est engagé à jamais ; il a subi des pertes, il encourt des chances ; son intérêt est réglé comme à forfait, au moyen terme, où se balancent les risques et les profits.

Il existe un contrat. Avez-vous le droit de l'interpréter, de le violer, tantôt réduisant l'intérêt, parce que la nécessité l'exige, tantôt convertissant la rente à un taux plus bas, parce que l'avidité y induit.

Vous dites que le numéraire se déprécie : et vous dites vrai, au moins pour l'avenir. Mais il serait d'autant plus déloyal de rembourser en valeurs avilies, des valeurs reçues à un titre élevé ; mais il serait d'autant plus équitable de compenser, par un accroissement nominal de revenu, la perte réelle qui est supportée dans son échange contre les besoins de la vie.

Res perit domino. Or, c'est l'Etat qui est le seigneur, le maître, quant au capital, puisqu'il est aliéné irrévocablement; c'est dans ses mains que le capital périt ou dépérit. Les rentiers ne s'étaient réservé que la jouissance du revenu, lequel a été fixé en numéraire à une somme équivalente à telle et telle quantité de denrées : si cette somme n'en paie plus la même quantité, le propriétaire du capital devrait plutôt l'élever jusqu'au rapport qui existait lors du contrat.

Après que le capital, dont l'état est propriétaire incommutable, a grandement fructifié à son profit, faudrait-il que le revenu dont les rentiers ont gardé la jouissance plus ou moins temporaire, se déprimât, se desséchât à leur détriment? Et n'est-ce pas déja une chance assez lucrative pour le fisc, que le temps doive alléger de jour en jour la charge effective des intérêts de sa dette, sans qu'il se laisse aller à la tentation d'en forcer la réduction nominale?

Vis-à-vis de l'Etat, ainsi qu'entre les particuliers, ce sont les créanciers que la loi aurait à protéger, à défendre contre la dépréciation inévitable du signe d'échange ; ainsi qu'il a été question de le faire en Angleterre, en établissant un étalon (*standard*), un type fixe et invariable, pour servir de base aux actes.

Un mot conclut tout. Dans ces temps de longue durée, où l'intérêt commercial restait à 8, 10 et 12 pour 100, la pensée est-elle venue ou de rembourser les créanciers, ou de leur attribuer un plus fort intérêt? Non, sans doute : et comme c'est l'égalité qui constitue l'équité, lorsque cet intérêt baisserait à 4 et à 3, il n'y aurait pas plus de motif, pas plus de droit, pour rembourser le capital ou réduire l'intérêt.

Mais le fanatisme du crédit n'entend rien, ne sent rien : justice, morale, politique, tout doit être immolé sur ses autels. Les fonds abondent, l'intérêt baisse, la rente sera ou remboursée ou réduite ou convertie.

Et cependant, s'il arrive ensuite, comme il arrivera sans doute, comme il est déja arrivé, que les fonds se raréfient, que l'intérêt se relève, la loyauté nationale ne serait-elle pas tenue à rétablir l'intérêt à l'ancien taux, en faveur des rentiers séduits ou intimidés qui auraient accepté l'échange des 3 pour 100?

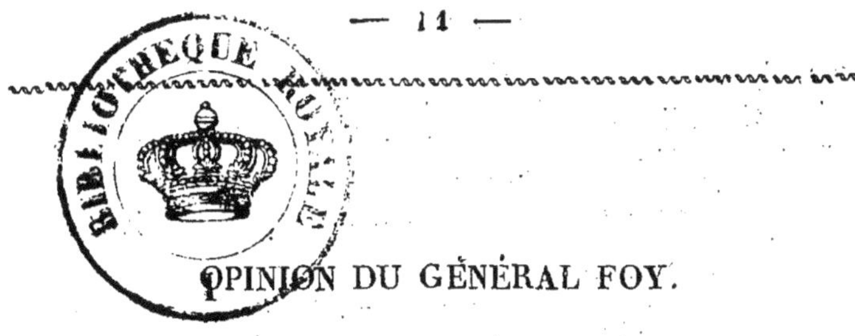

OPINION DU GÉNÉRAL FOY.

Consultez les lois anciennes, les édits, les titres émis en vertu de ces mêmes édits, a dit M. le président du conseil, et vous verrez que l'Etat a toujours le droit de rembourser, lorsqu'il juge que le remboursement pourrait être utile aux peuples. M. le ministre des finances prétend aussi que ce droit ancien a été consacré de nouveau par les lois nouvelles, notamment par l'art. 1911 de notre Code civil. Il affirme ensuite que ce droit résulte du titre même de la rente, parce que ce titre porte 5 pour 100; il passe sous silence ceux de *dette perpétuelle*, de *tiers consolidé*; et dans cette discussion, il confond deux choses qui ne devraient jamais être confondues, la loi politique et la loi civile; distinction établie par Montesquieu, dont la vérité ne peut être révoquée en doute.

L'Etat ne peut se servir, vis-à-vis de ses créanciers, d'une loi qu'ils ne peuvent jamais invoquer contre lui. Un contrat suppose une entière réciprocité, une égalité parfaite entre les parties contractantes.

Je prête un capital déterminé à un intérêt réglé : l'on veut me le rembourser, l'on me fait connaître alors l'intention où l'on est d'effectuer ce remboursement, à telle ou telle époque, et l'on m'accorde ordinairement le temps qui m'est nécessaire pour chercher un nouvel emploi de mes capitaux.

Mon débiteur fait-il de mauvaises affaires, néglige-t-il de servir les intérêts aux échéances stipulées? je l'attaque devant les tribunaux et le contrains à me rembourser. S'il ne se détermine pas, je le fais exproprier : j'ai, pour agir contre lui, les significations, les poursuites judiciaires, les huissiers enfin.

Ces moyens, si puissans contre un particulier, ne peuvent être employés, vous en conviendrez, contre un gouvernement. Il fait de folles dépenses, il outrepasse les sommes accordées par les budgets; il entreprend des guerres contraires aux intérêts de la nation ; il emprunte à des conditions onéreuses ; il inspire de justes inquiétudes. Si, dans de semblables circonstances, je lui demandais à être remboursé, il me répondrait avec toute raison :

Quel est le capital que vous m'avez prêté? Dans quel contrat passé entre vous et moi a-t-il été stipulé? J'ignore ce qu'il vous en a coûté pour devenir possesseur de l'inscription que vous me présentez ; je ne vous en dois que les intérêts ; je vous les paie, vous ne pouvez rien exiger de plus.

J'ai contracté des engagemens vis-à-vis de vous en stipulant les intérêts, sans jamais que dans ces actes, il ait été fait mention du capital ; pourquoi ?

C'est que je ne voulais pas être mis dans la position où il pourrait être réclamé avec une sorte de légalité.

. . . .

Oui, le remboursement est injuste.

Il l'est, pour tous les rentiers qui ont éprouvé la banqueroute des deux tiers ;

Il l'est, pour ceux dont les rentes ont été reçues à la condition d'être immobilisées ;

Il l'est, pour cette classe nombreuse qui plaçait par petites sommes dans des associations autorisées par des ordonnances royales ;

Il l'est, pour cette foule d'individus qui économisaient sur de faibles salaires, pour assurer leur existence physique, à une époque où leurs forces affaiblies s'opposeraient à ce qu'ils puissent continuer à gagner leur pain quotidien.

Tous ces preneurs de rentes, dont je viens de parler, ont rendu d'immenses services au crédit public, puisque par leurs achats successifs, ils ont diminué la masse de la rente flottante.

C'est sans doute par reconnaissance que vous réduisez d'un cinquième leur modique revenu ; et que celui qui était parvenu, par le résultat de son travail, à se créer 100 francs de rente, n'en touchera plus que 80.

Le ministre auquel on est redevable du système du crédit public, et que les ministres actuels sont parvenus à éloigner de cette chambre, à une époque où son expérience et ses talens y eussent été si utiles, savait que le meilleur moyen de *royaliser* les rentes, était d'en multiplier les possesseurs, parce que chacun de ces possesseurs était un ennemi de toutes les tentatives qui pourraient être faites pour renverser le gouvernement actuel.

Ce ministre, en appelant toutes les fortunes, depuis les plus considérables jusqu'aux plus médiocres, à prendre une part quelconque dans les fonds publics, avait en vue non-seulement des conceptions financières, mais de hautes pensées politiques. Ce système a eu pour résultat de vaincre la répugnance qui existait dans presque tous les départemens, à devenir possesseurs de rentes sur l'Etat.

Le souvenir des réductions et des banqueroutes y était encore présent; il commençait à s'y affaiblir, et vous lui rendez une nouvelle force. Vous prouvez une fois de plus, combien cette répugnance à placer sur les effets publics était fondée, et combien les leçons de l'expérience devraient être suivies.

. . . .

L'exemple des pays qui sont entrés avant nous dans la voie du crédit public, vient encore, selon le ministère des finances, ajouter une nouvelle force au droit qu'il prétend qu'a toujours le gouvernement de réduire sa dette, en offrant le remboursement du capital.

Mais l'exemple de l'Angleterre prouve contre lui et ne peut lui servir d'appui. L'Angleterre a-t-elle fait banqueroute des deux tiers? A-t-elle payé des créanciers avec des valeurs dépréciées? N'a-t-elle pas établi en principe que tout effet public qui ne contient pas la clause expresse qu'il pourra être remboursé, est essentiellement irremboursable?

Parmi vos effets, dites-moi quel est celui où il est fait mention du capital? Donc, ce capital n'étant pas déterminé, il n'est remboursable que par la voie de l'amortissement. Sous ce rapport, comme sous tant d'autres, vous voyez que le droit commun ne peut s'appliquer à la dette publique.

L'Angleterre que vous citez complaisamment, lorsque vous croyez que son exemple peut servir à justifier des mesures injustes ou des actes arbitraires, a-t-elle dans sa charte un article ainsi conçu :

« La dette publique est garantie ; toute espèce d'engagement « pris avec ses créanciers est inviolable. »

Quel était l'engagement pris avec les créanciers à l'époque de la restauration ? Celui de leur payer 5 pour 100 des sommes qui leur étaient dues.

Cet article de la loi fondamentale de l'Etat, avait pour but de les préserver de ces mesures financières dont le souvenir n'était pas perdu, dont tout l'art consistait à manquer en tout ou en partie, à ses engagemens.

L'on dira sans doute que cet article est réglementaire de sa nature, et qu'il peut être changé toutes les fois que les ministres le jugeront à propos.

Cependant l'art. 70 a déterminé beaucoup de gens de bonne foi, de très bons royalistes, très dévoués à la légitimité, à placer sur l'Etat la dot de leurs femmes, des biens appartenant à des mineurs ; ils ont eu une confiance entière dans la parole du roi : que diront-ils lorsqu'ils verront la dot de leurs femmes, les biens de leurs enfans diminués d'un cinquième ?

Ces bons royalistes croiront-ils à la force des argumens accumulés par M. le président du conseil, pour essayer de constater le droit qu'a l'Etat d'opérer cette réduction ?

Non, Messieurs, ils ne le croiront pas ; ils se joindront à moi pour vous dire que la loi civile est sans puissance contre la loi politique et contre la loi fondamentale de l'Etat.

. . . .

Vous prétendez, je ne sais pourquoi, que la ruine de plus de cinquante mille chefs de familles de la capitale touche peu les provinces. Calculez, d'après cette donnée, combien de mécontens vous allez y faire. Déja le mécontentement s'exhale sur les marchés, sur les places publiques, dans les salons. Partout l'on accuse le gouvernement de faire banqueroute.

Mais lorsque l'on frappe sur Paris, l'on croit faire la cour aux départemens : on leur dit :

L'agriculture trouvera à bas prix les capitaux dont elle a besoin pour se relever, et l'industrie, ceux qui lui sont nécessaires pour prospérer; la propriété foncière acquerra une valeur plus grande; les propriétaires seront plus en état d'entreprendre des améliorations.

Les rentiers souffriront, il est vrai, mais leur ruine augmentera vos richesses : vous verrez l'intérêt et l'argent que vous payez si cher, parce que tout l'argent des départemens arrivera à Paris; vous verrez, dis-je, cet intérêt diminuer quand la la rente ne produira plus que 4 pour cent.

Tous ces avantages sont indiqués pour assurer à la mesure qui vous est proposée, l'appui des départemens, et pour y *rendre populaire*, une mesure qui est *fort impopulaire* à Paris.

Oui! Messieurs, tous ces avantages, j'en conviens, eussent été le résultat de la cessation de l'agiotage; cette source d'immoralité tarie, tous les biens qui pouvaient en découler pour la société, étaient obtenus; l'agiotage mourait lorsque la rente se soutenait au pair; si M. le ministre des finances n'eût pas présenté son projet désastreux, les spéculations cessaient; les capitaux étrangers se fixaient ici, puisqu'ils y trouvaient un intérêt supérieur à celui qu'ils pouvaient se procurer ailleurs; leur abondance diminuait tout naturellement l'intérêt de l'argent, augmentait la valeur des terres, rendait les cultivateurs à la culture, et les manufacturiers à l'industrie.

Tous ces biens, tous ces avantages, Messieurs, ne pouvaient résulter que de la cessation des spéculations de bourse; mais ces spéculations, loin de les éteindre, vous les ranimez; elles allaient finir faute d'alimens, vous leur en fournisez, et vous leur ouvrez un champ beaucoup plus vaste que celui qu'elles ont eu à parcourir jusqu'à présent, puisqu'il s'étend de 75 à 100.

Non-seulement vous fixez à Paris les capitaux des départemens, mais vous en augmentez la masse par l'appât de nouveaux profits. Et quels profits sont ceux qui peuvent se faire en une seule matinée dans la rue Vivienne?

. . . .

. . . .

M. de Villèle ne craint pas d'assumer sur lui seul toute la responsabilité que peut entraîner une semblable mesure. Mais qu'importe cette responsabilité à la masse immense des rentiers? En seront-ils moins dépouillés, si le président du conseil est disgracié? En seront-ils plus riches, si le ministre des finances obtient 20,000 francs de rente de plus, avec le titre de ministre d'Etat? Lors même qu'il serait traité avec moins de bienveillance que plusieurs de ses anciens collègues, les maux qu'il aurait faits pèseront-ils moins sur cette classe nombreuse de la société, pour laquelle son nom deviendra désormais inséparable de celui d'un abbé qui s'est rendu fameux au même titre?

Paris, de l'imp. d'A. PIHAN DE LA FOREST, rue des Noyers, n° 37.

www.ingramcontent.com/pod-product-compliance
Lightning Source LLC
LaVergne TN
LVHW010220230826
846091LV00008BB/3594
* 9 7 8 2 0 1 9 2 5 8 3 3 7 *